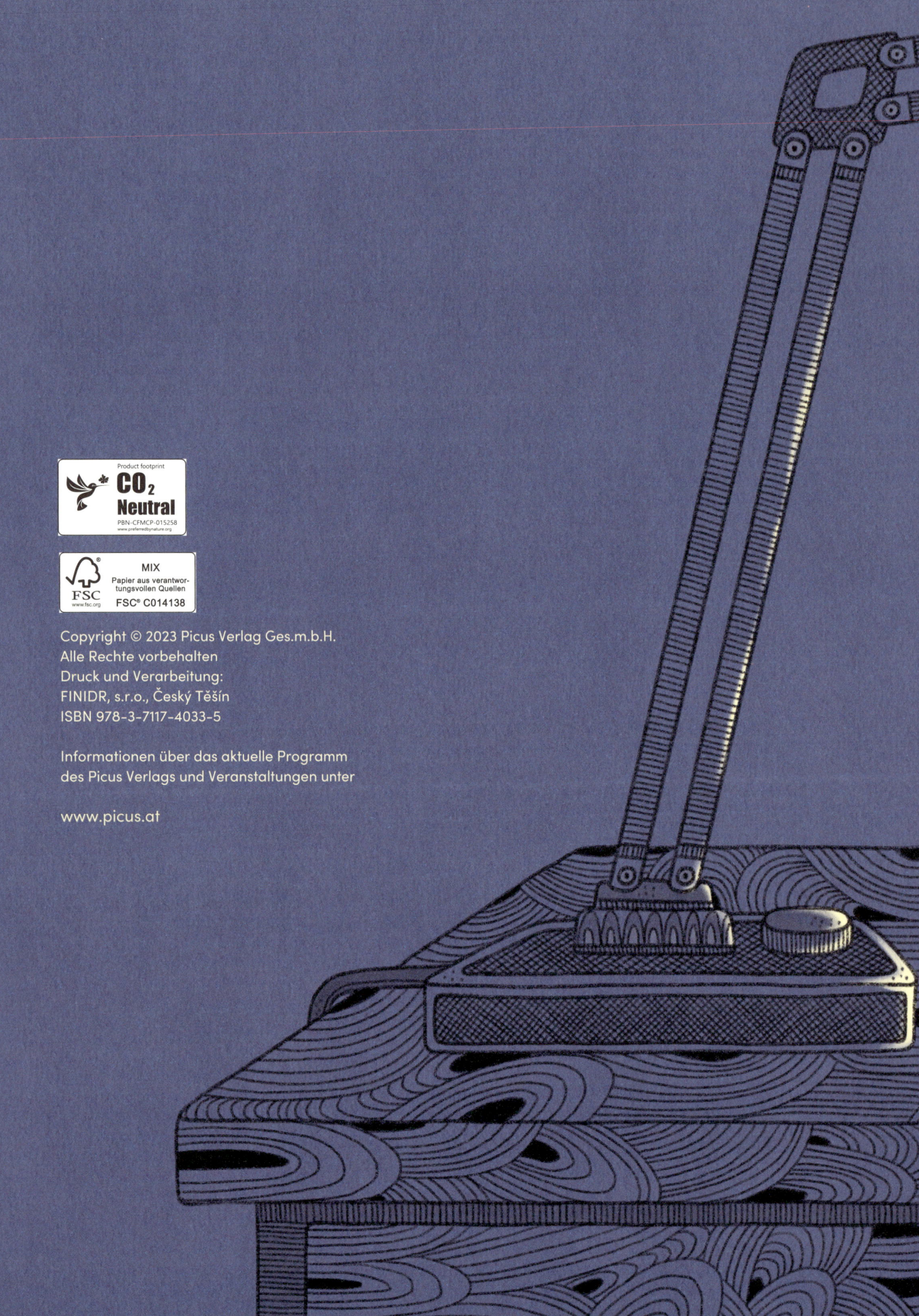

Copyright © 2023 Picus Verlag Ges.m.b.H.
Alle Rechte vorbehalten
Druck und Verarbeitung:
FINIDR, s.r.o., Český Těšín
ISBN 978-3-7117-4033-5

Informationen über das aktuelle Programm
des Picus Verlags und Veranstaltungen unter

www.picus.at

Bist du schon einmal aufgewacht,
und es war noch in der Nacht?
Kam dir da etwas seltsam vor?
Dann pass gut auf, sei jetzt ganz Ohr!
Ich hab dir etwas zu erzählen ...

Denn kurz bevor der Wecker klingelt,
ist Gestreiftes noch geringelt,
die Uhrenblüte fest verschlossen,
der Fluss im Schlaf flussauf geflossen,
sind allerorts die Innenräume
voller bunter Kinderträume.

Die Sonne steigt, bald kommt der Morgen,
der Sorgensammler kehrt die Sorgen
und die alten Neuigkeiten
zwischen ein paar Zeitungsseiten.

Wer den Tag lang stillstehen soll,
hat davon schnell die Nase voll
und leidet arg an Langeweile
wie die Mannequins der Ladenzeile.
Darum sind sie jetzt noch munter,
treiben es bunt und immer bunter –
ja, was machen diese Kleiderständer?
Sie joggen über Kassabänder!
Danach trinken sie ein Tässchen Tee,
tun ihnen doch die Füße weh?

Die Uhr streckt ihre Zeiger aus,
langsam erwacht das ganze Haus.
Denn hat der Wecker mal geklingelt,
sind alle Streifen rasch entringelt,
der Fluss erinnert sich des Meeres,
von alten Träumen bleibt ein leeres
Versprechen in den Lüften hängen,
wo sich die ersten Stimmen drängen.
Würdest du dann aus dem Fenster spähen,
könntest du nichts andres sehen
als alles, wie es immer ist –
auch wenn du nun viel klüger bist.